Alles über Osterhasen

Wiltrud Roser

atlantis

Die Erstausgabe von ALLES ÜBER OSTERHASEN
erschien 1968 im Atlantis Verlag,
Zürich & Freiburg im Breisgau.
Weitere Ausgaben folgten 1984 und 1989
im Atlantis Verlag/Pro Juventute, Zürich.

Wiltrud Roser, 1924 – 2017, war für das Verlegerpaar
Bettina und Martin Hürlimann-Kiepenheuer
eine wichtige Autorin und Illustratorin, die auch viele
Werbemotive zeichnete. Eines der erfolgreichsten
Atlantis-Bilderbücher überhaupt war Rosers
DIE PIMPELMAUS; erneut lieferbar seit 2011.

Die Neuausgabe beruht auf der von Wiltrud Roser
zuletzt bearbeiteten Ausgabe von 1989.
Der Text wurde an wenigen Stellen
dem heutigen Sprachgebrauch angepasst.
Eine Doppelseite wurde schon von der Autorin weggelassen;
eine zweite fehlt hier mit Blick auf heutige Usanzen.

Der Verlag dankt den Nachkommen der Künstlerin,
vertreten durch ihre Enkelin Emese Roser, Augsburg,
für ihr Mitdenken und die gute Zusammenarbeit.

Wiltrud Roser: Alles über Osterhasen.
Maltechnik: Tusche, Gouache und Handschriften je separiert
© 2022 Atlantis Verlag, Zürich
www.atlantisverlag.ch

Typografie: Manuel Süess, Zürich / Scans: GCC
Druck: Grafisches Centrum Cuno, Calbe (D)
ISBN: 978-3-7152-0845-9 / 1. Auflage 2022

An Ostern kommt der Osterhase, das weiß jedes Kind.

Das eine sagt: »Der Osterhase kann Eier legen.«
Das andere sagt: »Der Osterhase kauft die Eier
bei den Hühnern und bemalt sie selbst.«
Und dann gibt es noch die ganz Gescheiten, die sagen:
Der Osterhase kann gar keine Eier legen und malen
kann er auch nicht. Er kauft sie im Osterhasenwarenhaus.
Wer hat nun recht?

Alle drei Kinder haben recht.
Es gibt nämlich verschiedene Osterhasen.
Woran man sie erkennt und wie man mit Osterhasen umgeht,
steht in diesem Buch.

1.

Der ganz echte Osterhase

Ganz echter Osterhase   Gewöhnlicher Feldhase

Der ganz echte Osterhase sieht wie ein gewöhnlicher Feldhase aus.
Er lebt auch genau so wie seine Freunde, die gewöhnlichen Hasen.

Von früh bis spät spielt er
Verstecken oder Fangen
und stibitzt vom Bauern Kohl.

Drei Feldhasen
suchen den Osterhasen

Der Osterhase
ist immer
der Schnellste

Der Osterhase
sitzt beim Fressen ganz gerade

Nur einmal im Jahr hat er gar keine Zeit:
Am Ostersonntag

Da steht der ganz echte Osterhase mit der Sonne auf.
Er hüpft durch den Wald, über Wiesen in die Gärten
und legt rote und blaue, grüne und gelbe,
orangefarbene und violette Ostereier.
Er legt seine Eier auf weiches Moos und ins hohe Gras,
am liebsten aber in einen Haselbusch.

Er legt seine Eier für
die Armen

und die Reichen

für
die Jungen und die Alten

für die Sanften

und die Wilden

für Strunwelpeter und gepflegte Knaben

Vorsicht !

Fange aber nie einen ganz echten Osterhasen,
sonst geht es dir wie den zwei bösen Buben
vom Bauern Wutschelknaus:
Am Ostersonntag legten sich die jungen
Wutschelknäuse ganz früh morgens unter einem
Haselbusch auf die Lauer.

Der ganz echte Osterhase kam und – schwupp –
stülpten sie einen großen Wäschekorb
über das brave Tier. Die bösen Buben dachten,
der dumme Hase lege all seine Eier unter den Korb
und sie würden damit ein gutes Geschäft machen.
Der ganz echte Osterhase legte wirklich die Eier
für das ganze Dorf unter den Korb.

Die Wutschelknäuse packten sie hurtig ein,
stellten sich damit auf den Marktplatz
und verkauften sie an die Leute.
Kaum aber waren ihre Taschen voll Geld und der
Korb leer, flogen ihnen schon die ersten Eier
an die Köpfe. Aus allen Fenstern und aus allen
Türen warfen die Leute bunte Ostereier.
Das hörte nicht auf, bis hundert faule Eier
an den Kleidern der bösen Buben klebten.

Man sagt, die beiden stinken heute noch
nach faulen Eiern.

**Wie man einen ganz echten Osterhasen
von einem gewöhnlichen Hasen unterscheiden kann:**

Man geht mit einem gescheiten Hund im Wald spazieren.
Springt ein Hase über den Weg und der Hund tut so,
als sei der Hase Luft, dann ist das ein Osterhase.
Ganz echte Osterhasen haben nämlich keinen Geruch.

2.

Der fleißige Osterhase

Der fleißige Osterhase trägt Kleider,
daran kann man ihn ganz leicht erkennen.

Zu Hause tragen
die meisten fl. Osterhasen nur Schürzen

Er kann keine Eier legen, wenn er sich auch noch
so große Mühe gibt. Darum besorgt er sich Hühnereier
und bemalt sie bunt und schön.

**Aber nicht nur das Malen,
auch das Eierbesorgen ist eine große Kunst.**

Der Hahn sieht es gar nicht gerne,
wenn der fleißige Osterhase zum Betteln kommt,
denn die Hühner sind beim Bauern angestellt,
und der Hahn muss darauf achten, dass kein Ei fehlt.

Bei Hennen, die ihre Eier im Stroh und in Hecken verstecken,
hat der fleißige Osterhase mehr Glück.
Doch auch sie verschenken ihre Eier nicht gern.

Er muss sehr höflich sein

Manche Hühnerdamen freuen sich über kleine Geschenke

und andere muss man lang und gut unterhalten

Es gibt aber auch gute alte Hennentanten. Sie leben
jahraus, jahrein in einer fleißigen Osterhasenfamilie,
hüten die kleinen Osterhäschen und legen jeden Tag ein Ei.

**Eine Woche vor Ostern fängt bei den fleißigen
Osterhasen das große Eiermalen an!**

Aus Spinat und Zwiebeln, Kaffeesatz und roten Rüben
kocht die fleißige Osterhasenmutter Farben,
und die fleißigen Osterhasentöchter helfen ihr dabei.
Hundert Eier bemalt der fleißige Osterhasenvater
mit seinen Söhnen. Die fleißige Osterhasengroßmutter
bemalt nur drei Eier, aber diese drei sind die schönsten.

Jede fleißige Osterhasenfamilie hat ihre eigenen Muster.
Sie hängen am Fleißigosterhaseneierbaum.
Die fleißigen Osterhasenkinder arbeiten alle gleich:
Sie tauchen das Ei einmal oben und
einmal unten in den Farbtopf,
dann ist es bunt geringelt.

Am Ostersonntag ziehen alle Osterhasen
durchs Land und verteilen die Eier.

**Jedes gewöhnliche Feldhasenkind
kann ein fleißiger Osterhase werden.**

Wenn es sehr gescheit ist.
Wenn es jeden Morgen pünktlich und sauber angezogen
zur Osterhasenschule geht.
Wenn es den ganzen Tag stillsitzen kann und gleichzeitig
gut zuhört, was der Lehrer sagt.

Hasenmax
kam ohne Kleider
und wird vom Lehrer wieder nach Hause geschickt.

*Hasenfritz
kann zuhören
aber nicht stillsitzen*

*Hasenhilde
kann stillsitzen
aber nicht zuhören*

*Hasenphilipp
kann nicht stillsitzen
und nicht zuhören*

Sehr ungern machen Feldhasenkinder Hausaufgaben,
zum Beispiel:

Rechnen: In einem Haus wohnen 5 Kinder.
3 Kinder sind brav, 2 Kinder sind bös.
Wie viele Eier bringt der fleißige Osterhase
in das Haus?
Naturkunde: Pflücke ein Körbchen Spinat zum Eierfärben.
(Das ist für kleine Hasen besonders schwer,
weil sie ihn viel lieber aufessen würden.)
Zeichnen: Zeichne deine Eltern.

Bis spät in die Nacht sitzen die kleinen Hasen über ihren Aufgaben,
und die gewöhnlichen Feldhaseneltern schauen zu
und können ihnen gar nicht helfen.

Die weniger gescheiten Geschwister liegen schon längst im Gras und schlafen

Hat ein Häschen lesen und schreiben gelernt
und kann es dazu noch ein schönes Ei malen,
dann wird es für einen Tag Osterhasenkönig
und wird ganz groß gefeiert.

3.
Der Osterhase mit der Reisetasche

Der Osterhase mit der Reisetasche kann keine Eier legen und hat auch keine Zeit zum Malen.

Er geht ins große Osterhasenwarenhaus.
Dort holt er Zuckerküken, Schokohasen und Marzipaneier,
Buntstifte und Bälle, Reifen und Bilderbücher – alles,
was ihm gefällt, packt er in seine große Reisetasche.

Dann braust er mit seinem Motorrad ins nächste Dorf
zu braven Kindern.

Oder er setzt sich in sein rotes Auto und fährt in die
nächste Stadt.

Nach Amerika reist er meistens mit dem Osterhasendampfer.

Über den Nordpol fliegt er im Hubschrauber.
Die Eisbären freuen sich genauso wie die Kinder
auf den Osterhasen, weil er manchmal aus seiner großen
Reisetasche ein Geschenk verliert.

Und nun passt gut auf,
welcher Osterhase zu euch kommt.